TATSUKI FUJIMOTO

CHAINSAW MAN

1

CHIEN ET TRONÇONNEUSE

KAZÉ SHÔNEN UP !

SOMMAIRE

IL M'A RAPPORTÉ 1 200 000 !

LE REIN QUE J'AI VENDU L'AUTRE FOIS...

EN COUPANT DES ARBRES...

J'AI FOURGUÉ UNE COUILLE, AUSSI...

POUR COMBIEN, DÉJÀ ?

À PEINE 100 000 ?

300 000 !

L'ŒIL DROIT...

JE ME FAIS QUOI... DANS LES 60 000 YENS* PAR MOIS ?

* ENVIRON 500 EUROS, NDT.

38 040 000 YENS*...

CE QUI FAIT TOMBER LE MONTANT DE MES DETTES À...

* ENVIRON 316 000 EUROS, NDT.

ON VA L'ACHEVER VITE FAIT, BIEN FAIT !

T'ÉNERVE PAS, POCHITA, JE SAIS !

OUAF !

ÉPISODE 1 :
CHIEN ET TRONÇONNEUSE

CHAINSAW MAN

IL POURRAIT SE RÉGÉNÉRER AVEC SES PÉPINS, JE VOUS CONSEILLE DE LE CRAMER !

LUI, C'ÉTAIT LE DÉMON-TOMATE.

JE FIXE TON CACHET À 400 000 YENS* !

AU MARCHÉ NOIR, SON CADAVRE NOUS RAPPORTERA UN JOLI PETIT PACTOLE...

BEAU BOULOT, DENJI !

* ENVIRON 3 400 EUROS, NDT.

ÇA FAIT PLUS QUE 70 000 YENS...

DONT JE RE-TIRE 170 000 AU TITRE DES INTÉRÊTS DE TA DETTE...

MERCI, M'SIEUR !

ET J'ENLÈVE AUSSI MES HONORAIRES EN QUALITÉ D'INTER-MÉDIAIRE ET LES DIVERS FRAIS ANNEXES...

MAINTENANT QUE J'AI PAYÉ LES FACTURES D'EAU EN RETARD...

IL ME RESTE À PEINE 1800 YENS * !

LES BIFFETONS SE SONT VOLATILISÉS...

ET ÉPONGÉ LES ARDOISES QUI S'ALLONGEAIENT À DROITE À GAUCHE...

* ENVIRON 15 EUROS, NDT.

ON VA DEVOIR SE DÉBROUILLER POUR FINIR LE MOIS AVEC ÇA !

ET À LA BARAQUE, LE FRIGO EST VIDE...

AUJOURD'HUI, POCHITA...

VA FALLOIR SE CONTENTER D'UNE TRANCHE DE PAIN DE MIE !

DITES, BOSS, POURQUOI VOUS AVEZ EMBAUCHÉ CE GAMIN COMME DEVIL HUNTER ?

ENFIN, LES DETTES DE SON INCAPABLE DE PATERNEL, POUR ÊTRE PRÉCIS...

POUR QU'IL NOUS REMBOURSE SES DETTES !

UN GOSSE QUI A UN DÉMON COMME ANIMAL DE COMPAGNIE, Z'ÊTES SÛR QU'IL A LE PROFIL POUR LE JOB ?

ET PUIS, CE QUE J'APPRÉCIE CHEZ DENJI... C'EST QU'IL NE SE REBIFFE JAMAIS !

À TON AVIS, EST-CE QU'UN DEVIL HUNTER QUI SE RESPECTE...

ACCEPTERAIT DE REVENDRE LES CADAVRES DE SES PRISES À DES YAKUZAS DANS NOTRE GENRE ?

HÊ, LE CLEBS ! SI TU BOUFFES CE MÉGOT, JE TE FILE 100 YENS* !!

* ENVIRON 0,80 CENTIMES D'EURO, NDT.

HA HA HA HA HA !

GLOUPS

VENDU, JE LE GOBE DIRECT !!

SÉRIEUX ?!

BEUARGH !

ET SI TU T'AVISES DE TE BARRER, TU SERVIRAS DE PÂTÉE AUX COCHONS !

ON TE SONNERA QUAND ON AURA UN AUTRE DÉMON À TRUCIDER !

AVEC ÇA, ON A DE QUOI GRAILLER PENDANT TROIS JOURS !

FSHHHHHH

MAIS BON... POUR NOUS, VIVRE "NORMALEMENT", ÇA SERA JAMAIS RIEN DE PLUS QU'UN RÊVE !

JE POURRAI JAMAIS REMBOURSER TOUTES MES DETTES AVANT DE CLAMSER !

LE PAIN DE MIE, ÇA SE MANGE TARTINÉ AVEC DE LA CONFITURE DE FRAISES !

L'AUTRE JOUR, J'AI ENTENDU DIRE QUE NORMALEMENT...

KWUUUU...

DE TOUTE FAÇON, JE SORTIRAI SÛREMENT JAMAIS AVEC UNE FILLE... TU ME VOIS RAMENER UNE MEUF DANS CE TAUDIS ?!

SANS PARLER DU POGNON QU'IL FAUDRAIT POUR L'INVITER EN VILLE !

SI JE POUVAIS RÉALISER UN RÊVE... CE QUI ME BOTTERAIT, CE SERAIT JUSTE D'ENLACER UNE FILLE AVANT DE MOURIR.

FSHHHHH HII PP P

CET ENFOIRÉ
S'EST PENDU
AVANT DE PAYER
LA TRAITE DE
CE MOIS...

SINON,
C'EST MOI
QUI VENDRAI TA
CHAROGNE À LA
DÉCOUPE !

ALORS MENDIE,
VENDS TON CORPS,
TROUVE N'IMPORTE
QUOI... MAIS
DÉMERDE-TOI
POUR ME DÉGOTER
700 000 YENS
D'ICI DEMAIN !

DU COUP, JE REPENSE À MES DETTES, ET JE GALÈRE ENCORE PLUS À M'ENDORMIR !

J'AI TROP LA DALLE POUR PIONCER...

J'AI UNE IDÉE...

JE VAIS IMAGINER LE RÊVE QUE JE VOUDRAIS FAIRE QUAND JE RONFLERAI...

ET JE M'ASSOUPIRAIS DOUCEMENT DANS SES BRAS...

ON ENCHAÎNERAIT SUR DES PARTIES DE CONSOLE À LA MAISON...

APRÈS, JE FERAIS DES CÂLINS À UNE JOLIE FILLE...

TOI ET MOI, ON SE GAVERAIT DE PAIN DE MIE BLINDÉ DE CONFITURE DE FRAISES...

PAS MAL, NAN ?

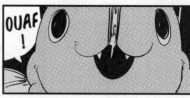

OUAF !

T'AS DU PAIN SUR LA PLANCHE !!

DENJI ! UN DÉMON A DÉBOULÉ !!

TU SAIS QUOI ? MA MÈRE, ELLE EST MORTE EN VOMISSANT DU SANG... À CAUSE D'UNE MALADIE DU CŒUR...

MÊME PAS MOYEN DE RÊVER TRAN- QUILLE...

VOUS CROYEZ VRAIMENT QU'IL SE PLANQUE ICI ?

C'EST DÉSERT...

UN DÉMON A DÉBARQUÉ DANS CE TAUDIS, Z'ÊTES SÛR ?

EUH... OUAIS ?

TU SAIS, DENJI... ON T'EST RECONNAIS-SANTS.

AH...

ET COMME UN CHIEN, TU TRAVAILLES DUR POUR PRESQUE RIEN...

COMME UN CHIEN, T'ES DO-CILE...

FRSH

SEULEMENT LE PROBLÈME AVEC LES CLEBS, C'EST QUE LEUR PUANTEUR NOUS FILE LA GERBE.

TCHAC

ON A DÉCIDÉ DE
FAIRE COMME TOI,
ET DE PASSER UN
CONTRAT AVEC
UN DÉMON...

POUR GAGNER
EN PUISSANCE
ET RAFLER
PLUS DE BLÉ...

TU VOIS,
NOUS AUTRES,
YAKUZAS...

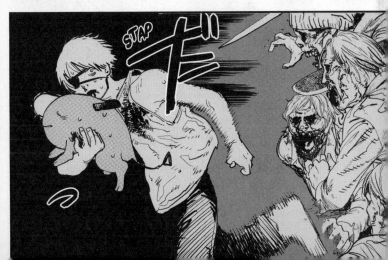

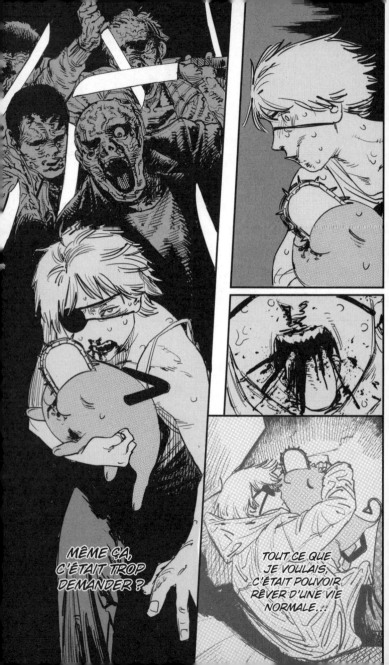

À FORCE D'AFFRONTER LES DÉMONS, UN JOUR, JE RISQUE D'Y LAISSER MA PEAU !

TU SAIS, POCHITA...

STOMP

VLOM

OUAF !!

POCHITA
...

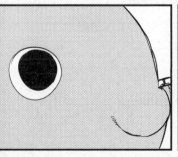

ÇA Y EST,
T'AS PRIS
POSSESSION
DE MON
CORPS ?

TU SAIS, DENJI...

J'AI TOUJOURS BIEN AIMÉ LES MOMENTS OÙ TU ME RACONTAIS TON RÊVE.

ALORS, VOILÀ LE NOUVEAU CONTRAT QUE JE TE PROPOSE...

MOI, JE T'OFFRE MON CŒUR...

ET TOI, EN ÉCHANGE...

CE RÊVE,
TU VAS LE
VIVRE POUR
DE VRAI !

MES
BLESSURES
...

POCHITA !

ON T'A DÉBITÉ EN MORCEAUX, ET T'ES TOUJOURS EN VIE ?!

QUEL BOULET !

DÉCIDÉMENT... JE HAIS LES DEVIL HUNTERS PLUS QUE TOUT !

HMM ?

ESCLAVES ! DÉVOREZ-MOI CETTE HORREUR !!

AVOIR POCHITA À MES CÔTÉS AURAIT DÛ SUFFIRE À MON BONHEUR...

ET POURTANT, JE RÊVAIS D'UN QUOTIDIEN PLUS DOUX.

REMARQUE... AU FOND, JE SUIS COMME EUX.

POURQUOI EST-CE QU'ILS EN ONT DÉSIRÉ PLUS ?

CES TYPES AVAIENT LARGEMENT DE QUOI ÊTRE HEUREUX DANS LA VIE, ALORS...

EN FAIT, TOUT LE MONDE RÊVE D'UN AVENIR MEILLEUR...

DONC, Y A RIEN DE MAL À ÇA...

Y A RIEN DE MAL À ÇA, MAIS BON...

QUAND
MES DISCIPLES
L'AURONT DÉVO-
RÉ, J'EN SERAI
DÉFINITIVEMENT
DÉBARRASSÉ...

DEVENUS DES DÉMONS JUSQU'AU TROGNON !

À L'ÉVIDENCE, VOUS ÊTES TOUS...

IL Y A UN SURVIVANT...

HMM...

TU DÉGAGES UNE ODEUR ÉTRANGE...

ELLE N'EST NI HUMAINE NI DÉMONIAQUE...

C'EST TOI QUI AS FAIT ÇA ?

FST

フララッ

TE SERRER...

LAISSE-MOI...

54

JE SUIS UN DEVIL HUNTER DE LA SÉCURITÉ PUBLIQUE...

JE VENAIS DANS LE BUT DE SUPPRIMER LE DÉMON-ZOMBIE QUI SÉVISSAIT ICI.

DÉSORMAIS, DEUX CHOIX S'OFFRENT À TOI...

LE SECOND, C'EST D'ACCEPTER QUE JE T'ÉLÈVE COMME UN HUMAIN.

LE PREMIER, C'EST DE PÉRIR DE MA MAIN COMME UN BANAL DÉMON...

ET LE MATIN...

Y AURAIT QUOI, DANS MA GAMELLE ?

SI JE T'ÉDUQUE, IL VA DE SOI QUE JE TE NOURRIRAI...

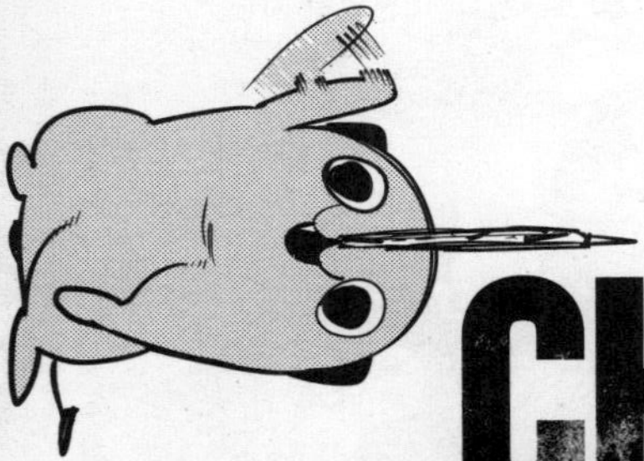

CHAINSAW MAN

ÉPISODE 2 :
LE DESTIN DE POCHITA

GRBLBL

DÉSOLÉ, MAIS LÀ, J'AI PAS UN ROND...

C'EST JUSTE LE BRUIT DE MON VENTRE...

ON VA S'AR-RÊTER POUR GRIGNOTER UN MOR-CEAU !

NOUS AUSSI, ON A SAUTÉ LE PETIT DÉJ'...

MANGE TOUT CE QUE TU VEUX, C'EST MOI QUI INVITE !

HEIN ?!

MAIS À DEMI-NU, TU VAS NOUS FAIRE REMARQUER... ALORS TIENS, ENFILE ÇA !

C'EST UNE FILLE, ET EN PLUS, ELLE EST MIGNONNE !

LA PREMIÈRE PERSONNE QUI SE MONTRE GENTILLE AVEC MOI...

SOUS PRÉTEXTE QUE J'ÉTAIS CRADO OU QUE JE SCHLINGUAIS, LES GENS M'ONT TOUJOURS ÉVITÉ...

JE L'AIME !

BIEN SÛR !

ET UNE SAUCISSE, AUSSI ! JE PEUX ?

MOI, JE VAIS PRENDRE UN BOL DE NOUILLES...

AU...

AU SECOURS ! AIDEZ-MOI !!

UN... UN DÉMON A KIDNAPPÉ MA FILLE !

IL S'EST EMPARÉ D'ELLE...

QUE SE PASSE-T-IL ?

DEVIL HUNTER DE LA SÉCURITÉ PUBLIQUE...

ET L'A EMMENÉE DANS LA FORÊT !!

JE M'APPELLE DENJI...

C'EST COMMENT, TON PETIT NOM ?

LES NOUILLES AU CURRY, C'EST POUR QUI ?

AH... MA COMMANDE EST PRÊTE !

63

ÉCOUTE, DENJI...

COMME JE DÉTESTE QUE MES NOUILLES RAMOLLISSENT DANS LE BOUILLON, C'EST TOI QUI VAS EXTERMINER CE DÉMON TOUT SEUL, OK ?

EUUUH... MAIS MOI AUSSI, J'AI COMMANDÉ DES NOUILLES !

HEIN ?

L'OPÉRATION EST DANGEREUSE, RESTEZ À L'ABRI À L'INTÉRIEUR DU BÂTIMENT !

NE VOUS INQUIÉTEZ PAS, UN DE NOS MEILLEURS CHASSEURS VA SECOURIR VOTRE FILLE...

SERONT "OUI" OU "OUAF", COMPRIS ?

N'OUBLIE PAS QUE JE SUIS TA MAÎTRESSE, ET TANT QUE JE T'ÉLÈVERAI, LES SEULES RÉPONSES ADMISSIBLES ...

ALORS TU NE VEUX PAS... DE MOI ?

JE NE VEUX PAS D'UN CHIEN QUI DIT "NON"...

LES CHIENS DÉSOBÉISSANTS, CHEZ NOUS, ON LES PIQUE.

À EN CROIRE UNE DE MES CONNAISSANCES DU SERVICE DE L'IDENTITÉ JUDICIAIRE...

OUI !

TU ME RÉPONDS QUOI ?

BON ! MES NOUILLES M'ATTENDENT, ALORS DÉPÊCHE-TOI D'Y ALLER !

ELLE TRAITE
LES GENS COMME
DES CHIENS !!

JE PENSAIS
QU'ELLE ÉTAIT
GENTILLE...

J'EN ÉTAIS
MÊME UN PEU
AMOUREUX...

MAIS EN VRAI,
CETTE FILLE EST
UNE PESTE !

OUAF !

PFF...

LE PIRE DANS TOUT ÇA, C'EST QUE ÇA ME RAPPELLE QUE POCHITA EST MORT...

HA HA HA !

HA HA HA HA !

AH ?!

JE T'EN PRIE, NON ! NE FAIS PAS DE MAL À CE DÉMON !

BAH POURQUOI ?

AUJOURD'HUI AUSSI, SUR LE PARKING, IL M'A TAPÉ DESSUS...

C'EST CE DÉMON QUI M'A SAUVÉE !

MON PAPA... CHAQUE FOIS QUE QUELQUE CHOSE VA MAL, IL ME FRAPPE.

ALORS S'IL TE PLAÎT, NE LE TUE PAS !!

"LES CHIENS DÉSOBÉISSANTS, CHEZ NOUS, ON LES PIQUE."

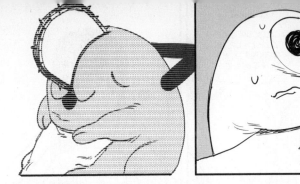

JE TE COMPRENDS, PARCE QUE MOI AUSSI J'ÉTAIS COPAIN AVEC UN DÉMON...

JE SAIS QU'IL Y EN A DES SYMPAS !

HEIN ?

ALORS, QU'EST-CE QUE TU DIRAIS QU'ON FILE TOUS ENSEMBLE ?

LE PROBLÈME C'EST QUE SI JE LAISSE ÉCHAPPER CELUI-LÀ, C'EST MOI QUI VAIS ME FAIRE ZIGOUILLER...

DIS... ET SI ON SE FAISAIT LA MALLE, TOUS LES TROIS ?

MAINTENANT, JE VAIS M'AMUSER UN PEU AVEC CET ENFANT FEMELLE, ALORS...

TU VEUX BIEN TE TENIR TRANQUILLE ?

GYAA-AAH !!

J'AI LE POUVOIR DE CONTRÔLER TOUS LES MUSCLES QUE JE TOUCHE !

SPROUIC

HA HA HA HA HA HA !

HA HA HA HA HA HA HA HA !

HÉ HÉ...

VSH

ÇA VA
ALLER,
TOI ?

ELLE
SENT
BON...

OUH
LÀ !

DÉSOLÉ...
VU LE SANG
QUE J'AI PERDU
AVEC LES COUPS
DE TRONÇONNEUSE
QUE JE ME
SUIS MIS...

JE CROIS QUE
J'AI UN PETIT COUP
DE POMPE...

PLOF

QU'EST-CE QUI EST ARRIVÉ À TON CORPS, AU JUSTE ?

LE DÉMON QUE J'ÉLEVAIS A PRIS LA PLACE DE MON CŒUR...

DIFFICILE À GOBER, COMME HISTOIRE, NAN ?

MÊME MOI, AU FOND, J'AI DU MAL À Y CROIRE...

ÇA ME COÛTE D'ADMETTRE QUE POCHITA EST MORT POUR MOI...

HISTORIQUE-MENT, IL N'Y A EU QUE TRÈS PEU DE CAS SIMILAIRES AU TIEN...

SI PEU QUE LES SPÉCIMENS DANS TON GENRE N'ONT AUCUN NOM OFFICIEL !

JE SAIS QUE TU DIS LA VÉRITÉ !

J'AI UN FLAIR PARTICULIÈREMENT DÉVELOPPÉ POUR ÇA, ALORS...

MOI, JE CROIS À TON HISTOIRE !

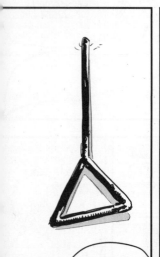

DEUX ODEURS ÉMANENT DE TON CORPS... CELLE DE L'HUMAIN ET CELLE DU DÉMON !

PAS MÉTAPHORIQUEMENT PARLANT, MAIS BIEN PHYSIQUEMENT...

TON AMI VIT À L'INTÉRIEUR DE TOI !

FAIS "AAAH !"

ALLEZ !

AAAH...

C'EST BON ?

OUAF !

UN VRAI PETIT TOUTOU !

POUR AVALER DE SI BON CŒUR DES NOUILLES AUSSI MOLLASSES, FAUT VRAIMENT PAS ÊTRE DIFFICILE !

T'ES PLUTÔT DU GENRE ACCOMMODANT, TOI...

MAKIMA !

TOI, C'EST QUOI TON NOM ?

ET SINON...

C'EST QUOI, LE GENRE DE GARÇON QUI TE FAIT CRAQUER ?

ET DIS-MOI, MAKIMA...

C'EST...

HMM...

C'EST QUOI, LE GENRE DE GARÇON QUI TE FAIT CRAQUER ?

LES GARÇONS DU GENRE DENJI !

HÉ, DENJI ! OÙ TU VAS ? C'EST PAR LÀ !

MOI AUSSI... JE SUIS UN PEU AMOUREUX DE TOI, MAKIMA...

QUAND TU TE SERAS CHANGÉ, JE TE PRÉSENTERAI UN COLLÈGUE !

OUI !

DENJI ?

ICI, EN PRINCIPE, ON TRAVAILLE EN COSTUME, ALORS ENFILE CELUI-CI...

AUJOURD'HUI, TU VAS LE SUIVRE POUR QU'IL TE FORME !

IL TRAVAILLE ICI DEPUIS TROIS ANS...

LUI, C'EST AKI HAYAKAWA !

MÊME PAS EN RÊVE, VIEUX !

BAH... ON TRAVAILLE PAS ENSEMBLE ? TOI... TOI ET MOI ?!

LÂCHE-MOI ! J'VEUX RESTER AVEC MAKIMA !!

ALLEZ HOP, EN PA-TROUILLE !

TOI ET MAKIMA, VOUS JOUEZ PAS DANS LA MÊME COUR...

SI TU TE POINTES DE-MAIN, JE TE RECOLLE UNE RACLÉE.

LAISSE TOMBER CE JOB...

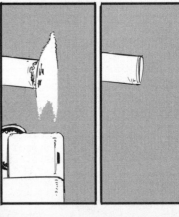

CROIS-MOI, JE FAIS ÇA PAR PURE SYMPATHIE ENVERS TOI...

POUR-QUOI ?

SEULS CEUX QUI ONT DES CONVICTIONS CHEVILLÉES AU CORPS SURVIVENT.

J'EN CONNAIS QUI SONT DEVENUS DEVIL HUNTERS JUSTE POUR LA THUNE... ET CROIS-MOI, ILS ONT TOUS FINI MASSACRÉS PAR DES DÉMONS !

CEUX QUI PRENNENT CE BOULOT À LA LÉGÈRE Y LAISSENT TOUJOURS LEUR PEAU !

BINGO !

MAIS TOI, T'AS ENFILÉ LE COSTUME JUSTE DANS L'ESPOIR DE TE RAPPROCHER DE MAKIMA... PAS VRAI ?

DANS CE CAS, J'AI BIEN FAIT DE TE REMETTRE À TA PLACE...

PTEUH!

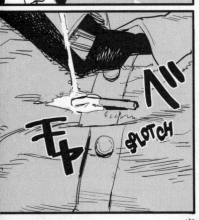

FP SPLOTCH

T'AS PRIS TES JAMBES À TON COU COMME UN LÂCHE...

TE BILE PAS POUR MAKIMA, JE LUI EXPLIQUERAI QUE DÈS QUE T'AS CROISÉ TON PREMIER DÉMON...

TOUT BIEN RÉFLÉCHI, MA VIE N'APPARTIENT PAS QU'À MOI.

QUOIQUE, ATTENDS ! "PRÊT À CREVER", JE RETIRE...

KOF !

VLOM

SBIM

BOM

TU M'AS SERVI TOUS CES BOBARDS JUSTE PARCE QUE T'EN PINCES POUR ELLE, TOI AUSSI ?!

DE QUOI ?! ATTENDS ...

QU'UN BLAIREAU COMME TOI PEUT ESPÉRER APPROCHER !

MAKIMA, C'EST PAS LE GENRE DE FILLE...

BLOM

C'EST PAS... DU JEU...

DE VISER... JUSTE... LES BURNES ...

MERDE...

100

L'AGENT HAYAKAWA A ÉTÉ SAUVAGEMENT ATTAQUÉ PAR LE DÉMON-ROUSTONS !

C'EST FAUX... CET ENFOIRÉ MENT... COMME IL RESPIRE !

VOUS PENSEZ POUVOIR VOUS ENTENDRE ?

ET SINON ?

D'ACCORD...

AVEC CETTE RACLURE ? JAMAIS !

TROP PAS !

RAVIE DE CONSTATER QUE VOUS AVEZ DES ATOMES CROCHUS...

CE NAZE, DANS MON ÉQUIPE ?!

UNE UNITÉ ?

JE ME TRIMBALLE DÉJÀ SUFFISAMMENT DE BOULETS COMME ÇA, NON ?!

J'AI PAS BESOIN QU'ON ME COLLE UN CASSOS DE PLUS...

DENJI, TU VAS INTÉGRER LE GROUPE D'AKI !

QUE L'IDÉE ÉTAIT DE MONTER UNE ESCOUADE EXPÉRIMENTALE, DU JAMAIS-VU AUPARAVANT !

JE T'AVAIS PRÉVENU AU MOMENT DE LA CRÉATION DE L'UNITÉ...

MAIS QU'EST-CE QU'IL A DE SI PRODIGIEUX, CET ATTARDÉ ?

FOUAAH...

DENJI EST UN HUMAIN, MAIS IL EST CAPABLE DE SE TRANSFORMER EN DÉMON.

T'ES SÉRIEUSE ?

DES RUMEURS COURAIENT SUR L'EXISTENCE D'ÊTRES DE CE GENRE, MAIS JE N'Y AI JAMAIS TROP CRU...

HÉ HÉ ! ÇA TE LA COUPE, HEIN ?!

DENJI EST SPÉCIAL...

À CE TITRE, IL A DROIT À UN TRAITEMENT SPÉCIAL !

MAIS EN CAS DE DÉMISSION OU D'INFRACTION AUX RÈGLES DE LA SÉCURITÉ PUBLIQUE...

IL SUBIRA LE MÊME TRAITEMENT QUE N'IMPORTE QUEL DÉMON !

QU'ON TE PROPOSE DE TRAVAILLER POUR NOUS JUSQU'À CE QUE MORT S'ENSUIVE.

ET... ÇA VEUT DIRE QUOI, AU JUSTE ?

* FUJIMOTO BUILDING, NDE.

MAIS JE TE PRÉVIENS... SI T'ESSAIES DE TE FAIRE LA MALLE, JE SUIS AUTORISÉ À TE SUPPRIMER !

POUR QUE JE PUISSE TE SURVEILLER EN CONTINU, ON EST CONDAMNÉS À VIVRE SOUS LE MÊME TOIT...

MAKIMA, C'EST UNE MAUVAISE PERSONNE ?

DIS, SELON TOI...

C'EST QUELQU'UN DE BIEN, ALORS ?

EN TANT QUE DÉMON, TU DEVRAIS DÉJÀ T'ESTIMER HEUREUX DE PAS T'ÊTRE FAIT TRUCIDER...

ON EST DES DEVIL HUNTERS, JE TE RAP-PELLE !

SI C'EST CE QUE TU PENSES, LÂCHE L'AFFAIRE...

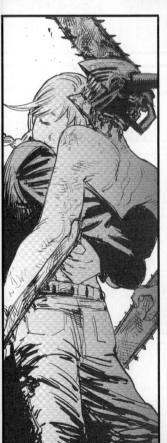

ÉVIDEMMENT, QUE C'EST QUELQU'UN DE BIEN...

PERSON-NELLEMENT, JE LUI DOIS LA VIE.

CHAINSAW MAN

TADAAM

CONFITURE DE FRAISES, DE PRUNES, MARMELADE D'ORANGES ...

BEURRE ET MIEL... ET PUIS UN PEU DE CANNELLE POUR LA ROUTE !

SI ÇA, C'EST PAS LA PLUS BELLE TARTINE DU MONDE !!

TROP BON !

TRALALA, TRALALA, TRALALA LALÈRE !

ARRÊTE DE SQUATTER LA BAI-GNOIRE !

TRAAAA... LALALA LALALAAA !

PAF

PAF

PAF

T'ES TOMBÉ DANS LE TROU, OU QUOI ?!

UN "HOMINIDÉMON" EST APPARU DANS LE QUARTIER RÉSIDENTIEL DU SECTEUR DE NERIMA-EST...

LES CIVILS ONT ÉTÉ ÉVACUÉS ET NOUS AVONS PROCÉDÉ AU BOUCLAGE DE LA ZONE !

Z'AVEZ UNE NOUVELLE RE-CRUE, AGENT HAYAKAWA ?

ON VOUS LAISSE PRENDRE LE RELAIS !

LA CIBLE S'EST RE-TRANCHÉE À L'ÉTAGE, PIÈCE DU FOND...

JE RÊVE... ON T'A RIEN APPRIS, À L'ÉCOLE ?

"L'ÉCOLE" ? J'Y SUIS JAMAIS ALLÉ...

HÉ ! C'EST QUOI, UN "HOMINI-DÉMON" ?

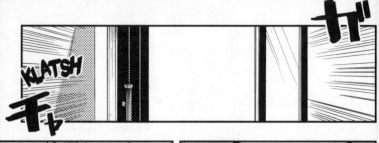

DANS CE CAS, J'EN SUIS UN, MOI AUSSI ?

AH OUAIS, JE VOIS LE GENRE

MAIS...

UN CADAVRE HUMAIN POSSÉDÉ PAR UN DÉMON...

C'EST ÇA, UN "HOMINI-DÉMON" !

NÉGATIF.

LES HOMINI-DÉMONS ONT UNE TÊTE D'UNE FORME CARACTÉRISTIQUE...

TU PIGERAS EN VOYANT NOTRE CLIENT DU JOUR.

TRANSFORME-TOI EN DÉMON, MONTRE-MOI DE QUOI T'ES CAPABLE...

QUE JE JUGE SUR PIÈCES SI ON PEUT TIRER QUELQUE CHOSE DE TOI !

CELUI-LÀ, C'EST TOI QUI T'OCCUPES DE LE DÉZINGUER !

LA PERSONNALITÉ DE CES ÊTRES EST TOTALEMENT DÉMONIAQUE...

C'EST QUOI, C'T'ARNAQUE ?

POURQUOI TU T'ES PAS SERVI DE TON POUVOIR DÉMONIAQUE ?

EN VOYANT CET HOMINIDÉMON, LÀ... JE ME SUIS DIT QU'AVEC MOINS DE CHANCE, J'AURAIS PU FINIR COMME LUI...

DU COUP, JE PENSE QUE QUELQUE PART, J'AI VOULU...

PARCE QU'À CHAQUE FOIS QUE JE L'UTILISE POUR BUTER UN DÉMON...

LA VICTIME A L'AIR DE SALEMENT MORFLER !

L'ACHEVER SANS QU'IL SOUFFRE TROP.

À PART TOI, TOUT LE MONDE PREND CE JOB AU SÉRIEUX.

ET TOI, C'EST QUOI TON PROJET ? DEVENIR POTE AVEC EUX ?!

MOI, QUAND JE DÉGOMME DES DÉMONS, JE VEUX QU'ILS AGONISENT DANS UN MAXIMUM DE SOUFFRANCE...

DES POTES, MOI, J'EN AI PAS, ALORS...

SI J'EN CROISE UN AVEC QUI ON PEUT S'ENTENDRE, J'SUIS PAS CONTRE...

CROIS-MOI, ÇA... C'EST PAS TOMBÉ DANS L'OREILLE D'UN SOURD.

SLAM

TSS... VISIBLEMENT, JE L'AI MIS EN ROGNE !

ALORS QUE MOI, TOUT CE QUE JE VOULAIS, C'ÉTAIT ÉVITER D'ÉCLABOUSSER LA PRESSE COQUINE...

OK, VU ET APPROUVÉ !

SI J'Y ÉTAIS ALLÉ À LA TRONÇONNEUSE, LE SANG AURAIT GICLÉ DE PARTOUT ET ÇA AURAIT SALOPÉ LES PAGES...

ALLEZ... ON VA DIRE QUE C'EST MA PETITE RÉCOMPENSE POUR T'AVOIR TUÉ SANS DOULEUR, D'ACCORD ?

FLAP

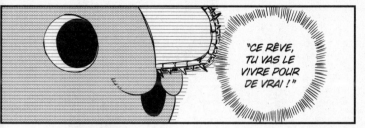

"CE RÊVE, TU VAS LE VIVRE POUR DE VRAI ! "

JE MÈNE LA VIE DONT JE RÊVAIS, EXACTEMENT COMME JE T'AVAIS PROMIS !

JE BOSSE AUSSI SÉRIEUSEMENT QUE TOUS LES AUTRES, POCHITA...

LUI, PAR CONTRE, IL COURT TOUJOURS APRÈS !

MOI, MON RÊVE, JE L'AI RÉALISÉ... J'AI ATTEINT MON BUT...

JE GRAVITE AUTOUR D'UNE JOLIE FILLE...

JE PEUX ME DOUCHER TOUS LES JOURS...

JE MANGE DE BONNES CHOSES...

POUR LES FLICS D'EN BAS, C'EST PROTÉGER ET NOURRIR LEUR FAMILLE...

POUR LUI, CLAIREMENT, C'EST SE VENGER...

J'AI TOUT CE DONT JE RÊVAIS, ET POURTANT... J'AI L'IMPRESSION QU'IL ME MANQUE UN TRUC...

Y AVAIT AUTRE CHOSE, APRÈS ? UNE SORTE DE BUT ULTIME ?

ET MAKIMA... C'EST QUOI SON OBJECTIF, À ELLE ?

MAKIMA...

MAIS DES SEINS...

VOULOIR TRIPOTER AUTRE CHOSE, À MON NIVEAU, C'EST UN PEU AMBITIEUX...

AVEC UNE VOLONTÉ DE FER ET UNE BONNE DOSE DE COURAGE... DES SEINS, ÇA PARAÎT FAISABLE !

J'AI TOUJOURS ÉTÉ PERSUADÉ QUE C'ÉTAIT SANS ESPOIR POUR UN GARS COMME MOI... J'AVAIS LÂCHÉ L'AFFAIRE...

MAIS MAINTENANT QUE J'AI UN JOB QUI TIENT LA ROUTE, QUI SAIT... PEUT-ÊTRE QUE CE SERAIT JOUABLE D'EN PALPER, DES NICHONS ?

ÇA Y EST, J'AI PIGÉ... MOI AUSSI...

MA RAISON DE VIVRE, CE SERA...

MON OBJECTIF ULTIME !

JE L'AI TROUVÉ, MON BUT !

À PART TOI, TOUT LE MONDE PREND CE JOB AU SÉRIEUX.

UN QUOI ?

SAUF ERREUR, MAKIMA M'A PLUTÔT À LA BONNE, MAIS...

EN LUI DEMANDANT FRONTALEMENT L'AUTORISATION DE LES TRIPOTER, JE RISQUE DE ME FAIRE DÉTESTER...

À PARTIR D'AUJOURD'HUI, DENJI, TU VAS FAIRE ÉQUIPE AVEC UN BINÔME !

TIENS... JUSTEMENT, VOILÀ TA PARTENAIRE !

DANS NOTRE ORGANISATION, POUR DES RAISONS DE SÉCURITÉ, LES MISSIONS DE PETITE ENVERGURE ET LES PATROUILLES S'EFFECTUENT TOUJOURS À DEUX...

NÉANMOINS, RESTE SUR TES GARDES...

CAR C'EST UN HOMINI-DÉMON !

CHAINSAW MAN

* CLASSE DE PÂTE À MODELER, NDT.

À L'INSTAR DES DÉMONS, LES HOMINIDÉMONS SONT DES CIBLES QU'IL CONVIENT D'EXTERMINER...

MAIS COMME POWER EST UN DÉMON INTELLIGENT ET PERSPICACE, J'AI DÉCIDÉ DE L'INTÉGRER À L'ÉQUIPE D'AKI !

SES CORNES LA RENDENT FACILEMENT REPÉRABLE, ALORS FAITES EN SORTE DE PATROUILLER DANS DES ENDROITS PEU FRÉQUENTÉS.

"4ᵉ SECTION SPÉCIALE ANTI-DÉMONS DE LA SÉCURITÉ PUBLIQUE", PEACE COLLÈGUES !

SI VOUS CROISEZ DES DEVIL HUNTERS TRAVAILLANT POUR LE COMPTE D'UNE BOÎTE PRIVÉE, OU SI DES POLICIERS VOUS INTERROGENT, DITES-LEUR...

ET MONTRE-LEUR TA PLAQUE... ILS FERONT SANS DOUTE LA GRIMACE, MAIS ILS PASSERONT LEUR CHEMIN !

SI ELLE N'OBTIENT PAS DE RÉSULTATS CONCRETS, NOS HUILES ORDONNE-RONT RAPIDEMENT SA DISSOLUTION !

COMME JE VOUS L'AI DÉJÀ EXPLIQUÉ, LA 4ᵉ SECTION SPÉCIALE ANTI-DÉMONS DE LA SÉCURITÉ PUBLIQUE EST UNE UNITÉ EXPÉRIMENTALE...

ET SI ÇA DEVAIT ARRIVER, VOUS SAVEZ QUEL SORT VOUS ATTEND... N'EST-CE PAS ?

Y A PAS L'OMBRE D'UN DÉMON DANS CE TROU PAUMÉ !

MAIS DANS CE CAS-LÀ, ON OBTIENDRA JAMAIS DE RÉSULTATS !

SÉRIEUX ?

DU COUP, IL EST PROBABLE QUE LES DÉMONS DE BAS ÉTAGE SE CARAPATENT RIEN QU'À MON ODEUR !

AVANT DE DEVENIR UN HOMINI-DÉMON, J'ÉTAIS UNE ENTITÉ MALÉFIQUE EXTRÊMEMENT CRAINTE DANS LE MILIEU !

ET ÇA, IL EST FORT POSSIBLE QUE CE SOIT DE MA FAUTE !

C'EST LUI QUI A EU L'IDÉE DE VOUS ASSOCIER !

SI TU AS UNE QUESTION, ADRESSE-TOI À AKI...

AVANT DE DEVENIR HOMINIDÉMON, POWER ÉTAIT UN DÉMON-SANG, COMBATTRE AVEC DE L'HÉMOGLOBINE EST PAR CONSÉQUENT SA SPÉCIALITÉ, MAIS...

VU LA FAÇON DONT ELLE S'ENFLAMME, PEUT-ÊTRE QU'ELLE N'EST PAS FAITE POUR LE MÉTIER DE DEVIL HUNTER ?

KWAH ?!

QUOI ?!

C'EST LUI QUI M'A ORDONNÉ DE TUER CE BIDULE !

MAIS C'EST LUI...

HAA ?!

M...
MOI, JE
PEUX.

VOUS
POURRIEZ
VOUS TENIR
TRANQUILLES
?

BRAVO,
POWER.

CE QUI
M'IMPORTE,
C'EST QU'EN-
SEMBLE, VOUS
ME RAMENIEZ
DES RÉSUL-
TATS.

HONNÊTEMENT,
JE ME MOQUE
ROYALEMENT DE
SAVOIR QUI MENT
OU QUI DIT
VRAI...

M... MOI,
J'EN SUIS
CAPABLE !

VOUS PENSEZ
EN ÊTRE
CAPABLES ?

VU LES CIRCONSTANCES, L'AMBIANCE EST PAS TELLEMENT À RÉFLÉCHIR AU PELOTAGE DE NICHONS...

NYAAAA

SEULEMENT, MÊME POUR PRÉSERVER ÇA, JE ME VOIS MAL COLLABORER AVEC UNE MYTHO COMME TOI...

MAIS SI ON MULTIPLIE LES GAFFES COMME CELLE D'AUJOURD'HUI, ÇA RISQUE DE PAS DURER... ADIEU CANETTES, ET TOUT CE QUI VA AVEC !

POUVOIR SIROTER UN SODA QUAND ÇA ME CHANTE, POUR MOI, C'EST UN PEU UN RÊVE QUI SE RÉALISE...

TOUT CE CIRQUE POUR UN MATOU, OUAIS, JE TROUVE ÇA PATHÉTIQUE...

MOI, LE SEUL TRUC POUR LEQUEL JE SERAIS PRÊT À TOUT, C'EST PALPER DES NIBARDS !

MAIS JE DOUTE QU'UN ÊTRE COMME TOI SOIT CAPABLE DE COMPRENDRE LES SENTIMENTS QUE JE NOURRIS ENVERS UN SIMPLE FÉLIN !

POUR TIRER MON MINOU DES GRIFFES DU DÉMON QUI L'A ENLEVÉ, JE SERAIS PRÊTE À TOUT, MÊME À M'ALLIER AVEC UN HUMAIN...

JE TE LAISSERAIS TÂTER MA POITRINE, QUELLE SERAIT TA RÉACTION ?

SI JE TE DISAIS QU'EN ÉCHANGE DE TON AIDE POUR ARRACHER NYAAKO À SON RAVISSEUR...

HMM...

CELA DIT, POUR UN CHIEN, JE POURRAIS PIGER...

DÉCIDÉMENT, JE NE COMPRENDRAI JAMAIS LES HUMAINS...

S'EN PRENDRE À UN PAUVRE PETIT CHAT !!

UN MIGNON MINOU SANS DÉFENSE !!

OH ?!

CET EN-FOIRÉ DE DÉMON !

OH...

T'AS MÊME PAS LE DROIT DE SORTIR TOUTE SEULE ?

NON... ET JE PEUX TE DIRE QUE COINCÉE ICI, JE M'ENNUYAIS FERME !

SOYEZ DE RETOUR AU BERCAIL AVANT 17 HEURES !

HOMINIDÉMON "POWER", AUTORISATION DE SORTIE ACCORDÉE...

ÉPISODE 6 :
MANIPULATION

LE PROBLÈME, C'EST QUE TU SERAS LE SEUL À POUVOIR LE COMBATTRE...

ET LÀ, ON SE RETROUVERA COINCÉS !

PARCE QUE S'IL M'APERÇOIT, L'ENNEMI SE SERVIRA DE CE PAUVRE CHAT COMME BOUCLIER...

JE SAIS EXACTEMENT OÙ SE PLANQUE LE DÉMON QUI A ENLEVÉ NYAAKO.

PARCE QU'IL CONTINUE À VIVRE, JUSTE LÀ !

AUJOURD'HUI, JE PEUX PLUS LE CARESSER NI RIEN, MAIS C'EST PAS GRAVE...

LES HUMAINS SONT DÉFINITIVEMENT STUPIDES !

MOI AUSSI, AVANT, J'ÉLEVAIS UN DÉMON QUI S'APPELAIT "POCHITA"...

EN SOMME... T'ES EN TRAIN DE M'EXPLIQUER QUE POCHITA EST MORT, JE ME TROMPE ?

ET CE QUI EST MORT A CESSÉ DE VIVRE !

TE RÉCONFORTER EN TE DISANT QU'IL RESTE DANS TON CŒUR, C'EST UNE BIEN PIÈTRE CONSOLATION !

PARDON ?

ÉPISODE 6 :
MANIPULATION

M'OUAIS, T'AS PEUT-ÊTRE RAI-SON...

PAS MOYEN... J'ARRIVERAI JAMAIS À M'ENTENDRE AVEC CETTE NANA !

L'INCIDENT AMÉRICAIN A EU POUR EFFET DE RENFORCER LES POSITIONS DES BELLICISTES SOVIÉTIQUES...

SELON CERTAINES RUMEURS, ILS EMPLOIERAIENT DES DÉMONS À DES FINS MILITAIRES.

MAKIMA... OÙ EN ES-TU DU DRESSAGE DES CHIENS DE L'UNITÉ QUE NOUS T'AVONS CONFIÉE ?

LE VŒU LE PLUS CHER DU JAPON SERAIT QUE LES DÉMONS RESTENT SES SEULS ET UNIQUES ENNEMIS...

L'UN D'EUX ME SEMBLE CAPABLE DE RÉPONDRE À NOS ATTENTES...

QUANT À L'AUTRE, IL A LE MÉRITE D'ÊTRE INTÉRESSANT.

TOC

UN CHIOT QUE J'AI RAMASSÉ RÉCEMMENT...

INTÉRESSANT ?

GARDE BIEN ÇA EN TÊTE, ET ÉVITE DE T'Y ATTACHER !

TON TRAVAIL CONSISTE À L'ENTRAÎNER POUR T'EN SERVIR !

SLAM

CHAQUE DÉMON VIENT AU MONDE AVEC UN NOM...

QU'EST-CE QUI TE POUSSE À MISER SUR LUI ?

DENJI EST AU MIEUX DÉSAGRÉABLE, MAIS IL N'A RIEN D'INTÉRESSANT !

ET PLUS SON NOM INSPIRE LA CRAINTE, PLUS LE DÉMON EN QUESTION GAGNE EN PUISSANCE.

MAIS IMAGINONS QU'IL EXISTE UN DÉMON-VOITURE... ON POURRAIT CRAINDRE DE MOURIR ÉCRASÉ SOUS SES PNEUS, CE QUI LUI CONFÉRERAIT UNE CERTAINE PUISSANCE !

LE CAFÉ, PAR EXEMPLE, NE FAIT PEUR À PERSONNE... S'IL EXISTAIT UN DÉMON-CAFÉ, IL SERAIT SANS DOUTE PASSABLEMENT FAIBLE !

DENJI, LUI, EST CAPABLE DE SE TRANSFORMER EN DÉMON-TRONÇONNEUSE...

PERSO, JE TROUVE ÇA INTÉRESSANT !

ADMETTONS... N'EMPÊCHE QU'IL EST INGÉRABLE, ON NE TIRERA RIEN DE LUI.

IL N'EST PAS FAIT POUR ÊTRE DES NÔTRES.

OR DENJI A LUI-MÊME AFFIRMÉ QUE SON SEUL DÉSIR, C'ÉTAIT DE VIVRE MOLLEMENT, SANS PERSPECTIVE...

LA SÉCURITÉ PUBLIQUE EST INTÉGRALEMENT COMPOSÉE D'AGENTS QUI ONT UN OBJECTIF, DES CONVICTIONS...

EN PLUS, IL EST PERSUADÉ QU'ON POURRAIT S'ENTENDRE AVEC LES DÉMONS...

CE N'EST ENCORE QU'UN GAMIN...

UN SALE GOSSE !

CETTE MAISON, LÀ-BAS !

C'EST LÀ QUE SE TERRE LE DÉMON QUI A ENLEVÉ NYAAKO !

BON, ALLEZ... ON Y VA, ET ON PLIE ÇA VITE FAIT, BIEN FAIT !

AH, ON T'A PAS DIT ? JE PEUX ME TRANSFORMER EN TRONÇON-NEUSE !

LES LAMES ? QUELLES LAMES ?

RAPPORT À MES COUPS DE FATIGUE, J'AIMERAIS ÉVITER DE SORTIR LES LAMES, SI POSSIBLE...

LES BLAGUES D'HUMAIN, C'EST TROP NAZE !

QUOI ? QU'EST-CE QUE T'AS ?

HMM ?

LE SCÉNARIO ?

AH BON ? C'ÉTAIT ÇA, LE SCÉNARIO ?

T'AVAIS PEUR QUE LE RAVISSEUR PRENNE TON CHAT POUR BOUCLIER SI JAMAIS TU TE MONTRAIS, NAN ?

ÇA CRAINT PAS UN PEU, QUE TU T'APPROCHES AUTANT DE SON REPAIRE ?

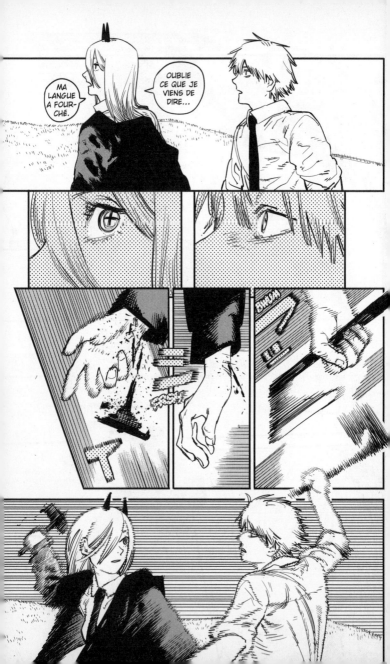

T'ÉTAIS PEUT-ÊTRE PAS AUSSI DÉBILE QUE T'EN AVAIS L'AIR...

URGH...

GAH...

VLAM

J'AI EU UN MAL DE CHIEN À SORTIR D'OÙ J'ÉTAIS, JE TE SIGNALE !

ARRÊTE UN PEU DE RÂLER !

L'ESPACE D'UN INSTANT, J'AI CRU QUE TU AVAIS PRIS LA FUITE..

TU POURRAS TE VANTER DE M'AVOIR FAIT ATTENDRE, DÉMON-SANG...

GWAAAH !

AUJOURD'HUI, À CAUSE DE CETTE TERRIBLE HUMILIATION, JE SUIS CONTRAINT DE VIVRE CACHÉ DANS CETTE MASURE !

VOIS CE BRAS AMPUTÉ, HUMAIN ! C'EST L'UN DES TIENS QUI EST RESPONSABLE DE CETTE MEURTRISSURE !

J'EN AI RIEN À CARRER, PÔV' TANCHE...

C'EST PAR DU SANG HUMAIN QUE JE VAIS L'APAISER !

CETTE BLESSURE D'ORIGINE HUMAINE...

SILENCE, MANGEAILLE !

LE DESTIN DE NYAAKO

DU MAQUIL-
LAGE...

CELLE DES
PHARMACO-
PÉES...

L'ODEUR
DES CIGA-
RETTES...

POUR SE
RINCER LES
PAPILLES,
RIEN DE TEL
QU'UN PETIT
ENFANT !

TOUTES
SONT ALLÉ-
CHANTES,
MAIS...

HÉ, DÉMON-CHAUVE-SOURIS !!

ALORS MAINTENANT, RENDS-MOI NYAAKO !

JE T'AI AMENÉ UN HUMAIN, COMME PROMIS !

AH, J'OUBLIAIS... C'EST VRAI, ON AVAIT UN MARCHÉ !

HMM ?

SLURP

SPLASH

ALLEZ, DÉPÊCHE-TOI DE GRANDIR !

JE MEURS D'IMPATIENCE DE TE SAIGNER, MOI !

NYAAAH

NYAAH

JE MANQUE CRUELLEMENT D'HÉMOGLO-BINE, ALORS...

SI TU VEUX QUE J'ÉPARGNE CE CHAT, AMÈNE-MOI UN HUMAIN...

GLOUPS

QUAND TU
TE PLAIGNAIS DE
NE PLUS POUVOIR
CARESSER POCHITA,
JE ME SUIS
MOQUÉE...

SHRAAK

UN JOUR,
POCHITA AVAIT
DISPARU...

MAIS DE RETOUR À LA MAISON, IL ÉTAIT LÀ, À M'ATTENDRE EN PLEURANT...

J'AI BIEN CRU QU'UN DÉMON L'AVAIT DÉVORÉ.

J'AI FOUILLÉ TOUTE LA VILLE À SA RECHERCHE...

À MON RÉVEIL, JE NE LE VOYAIS NULLE PART...

J'ÉTAIS TELLEMENT SOULAGÉ DE LE REVOIR QUE JE ME SUIS ENDORMI PAR TERRE, PRÈS DE LUI.

QU'EST-CE QU'ELLE RESSENTAIT LE SOIR, EN S'ENDORMANT ?

ET ELLE, TOUT LE TEMPS OÙ CE DÉMON LUI AVAIT ENLEVÉ NYAAKO...

CHAINSAW MAN Ø1 FIN

CHAINSAW MAN

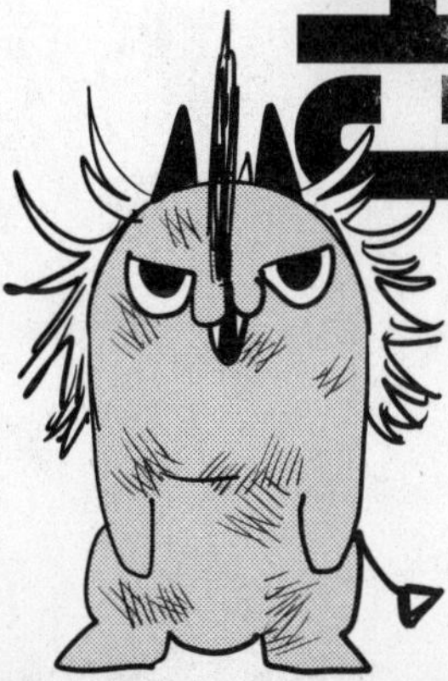

HÉ, JETTE PAS LES ÉPLUCHURES DE POMME !

ÇA SE MANGE, ÇA !

HÉ, JETTE PAS LES ÉPLUCHURES DE CLÉMENTINE !

JE LES MANGE, MOI !

FILE-MOI TES CROÛTES...

JE VAIS LES MANGER, ÇA ME DÉRANGE PAS.

BAH POURQUOI ? C'EST SUPER NUTRITIF !!

EXCUSE-MOI, MAIS... C'ÉTAIT COMMENT, TA VIE D'AVANT ?

MOI, SI !

Découvrez la première œuvre de Tatsuki Fujimoto !

Dans un monde où tout est recouvert de
glace, la famine et le chaos règnent sur la Terre.
Parmi les quelques humains qui tentent de survivre,
certains sont dotés de pouvoirs surnaturels.
Agni et sa sœur, Luna, font partis de ces « élus »
et possèdent la faculté de se régénérer. Agni utilise
ce pouvoir pour nourrir les habitants de son village.
Pourtant cela ne suffira pas à les préserver du
terrible malheur qui va s'abattre sur eux...
Agni sera le seul survivant du massacre au
cours duquel mourront tous ses proches.
Il part alors dans une quête effrénée pour
assouvir sa soif de vengeance !

FIRE PUNCH

Tatsuki Fujimoto

DISPONIBLE EN LIBRAIRIE

KAZÉ MANGA

CHAINS
MAN

Édition française

KAZÉ

8, rue Ambroise Thomas 75009 Paris
www.kaze-manga.fr

DIRECTEUR ÉDITORIAL Pierre Valls
TRADUIT DU JAPONAIS PAR Sébastien Ludmann

LETTRAGE & MAQUETTE Erwan Lossois
SUPERVISION ÉDITORIALE Quentin Pillault

DIRECTION ARTISTIQUE Ludovic Allouche
DESIGN Anne Grébert

RESPONSABLE DE FABRICATION Julie Baudry

Achevé d'imprimer en CE février 2020
par L.E.G.O. SpA, Lavis (Italie).
Dépôt légal : mars 2020